THIS BOOK BELONGS TO:

_____

_____

COPYRIGHT JAMES EASTON 2020

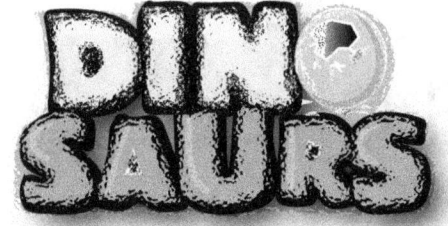

I LIKE TO WALK

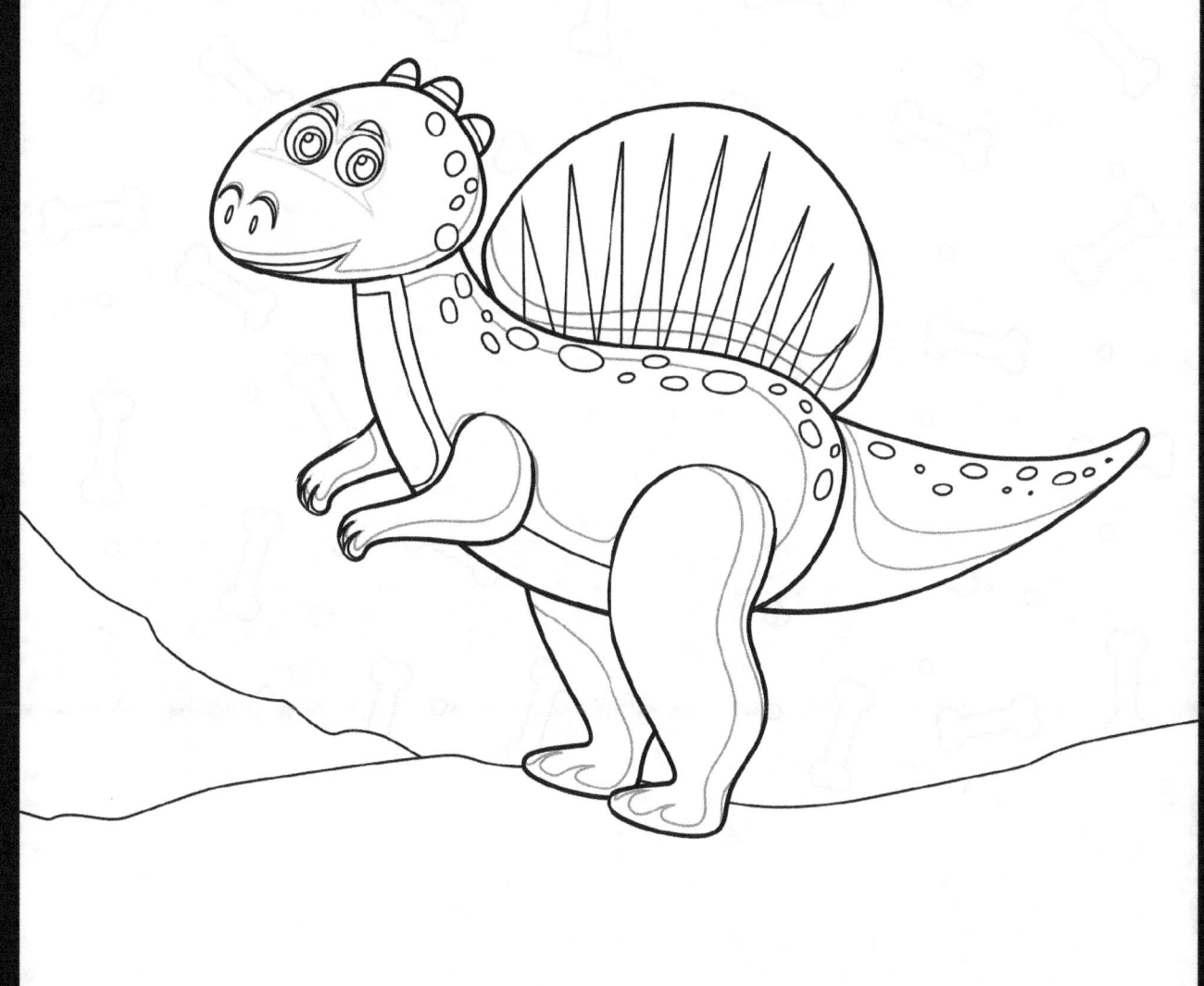

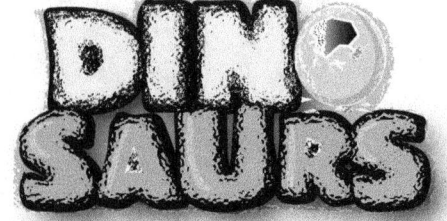

I LIKE TO SMILE

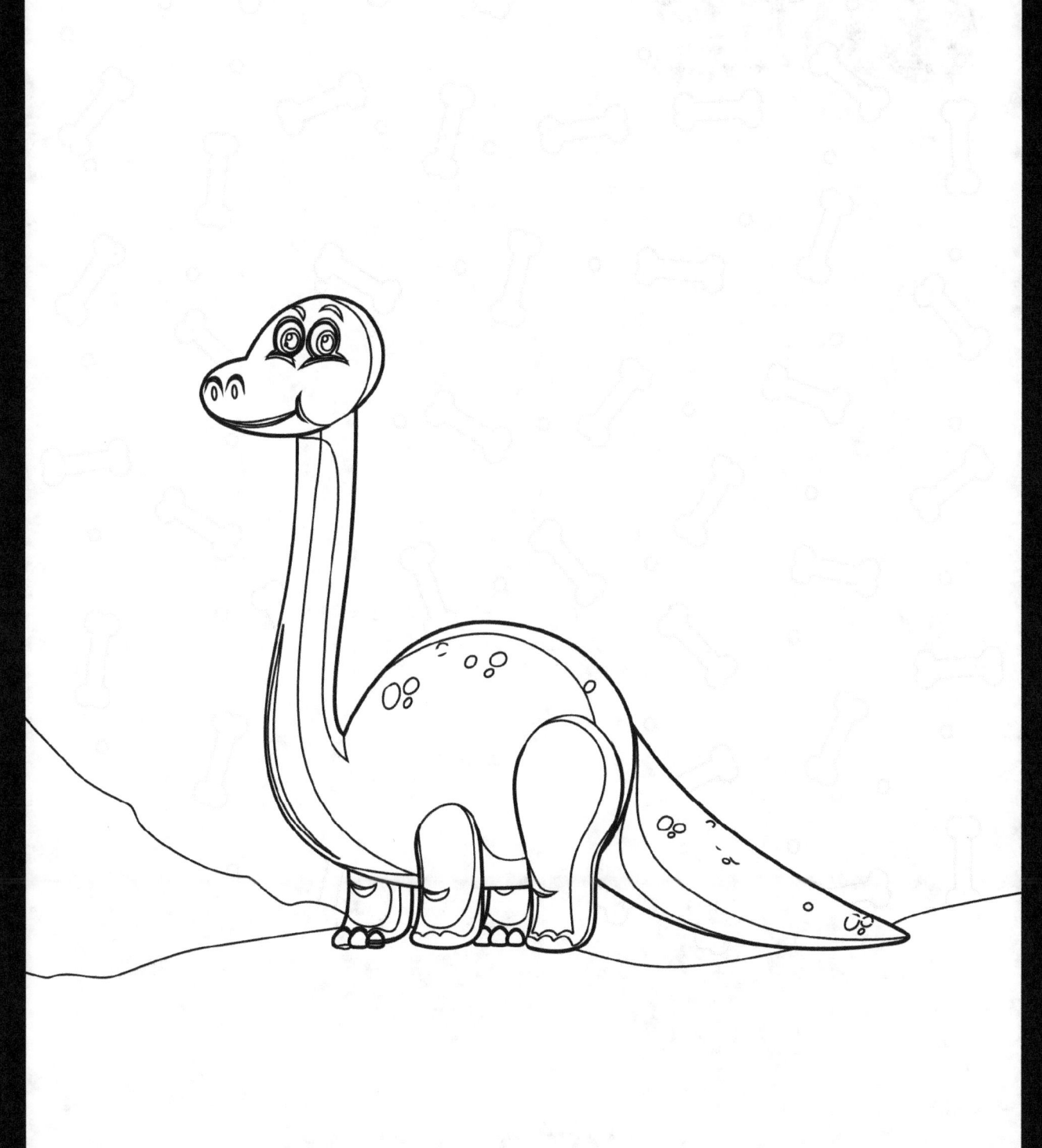

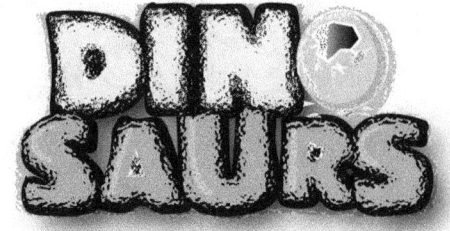

I LIKE TO FLY

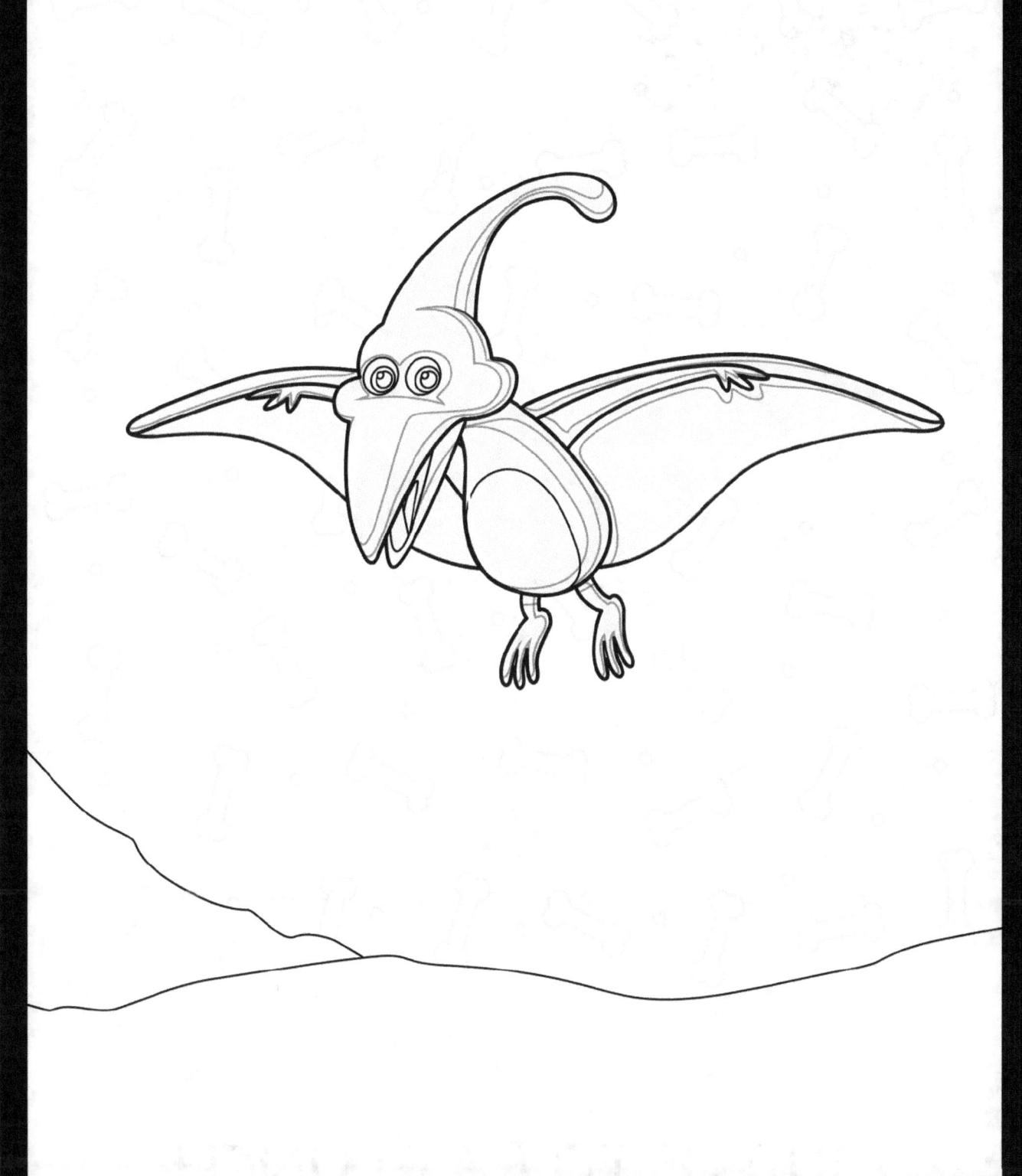

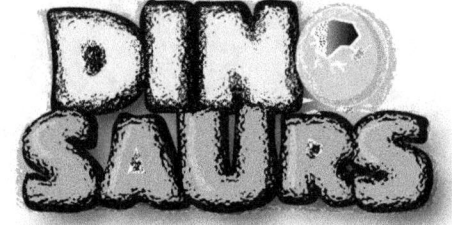

I LIKE TO EAT LUNCH

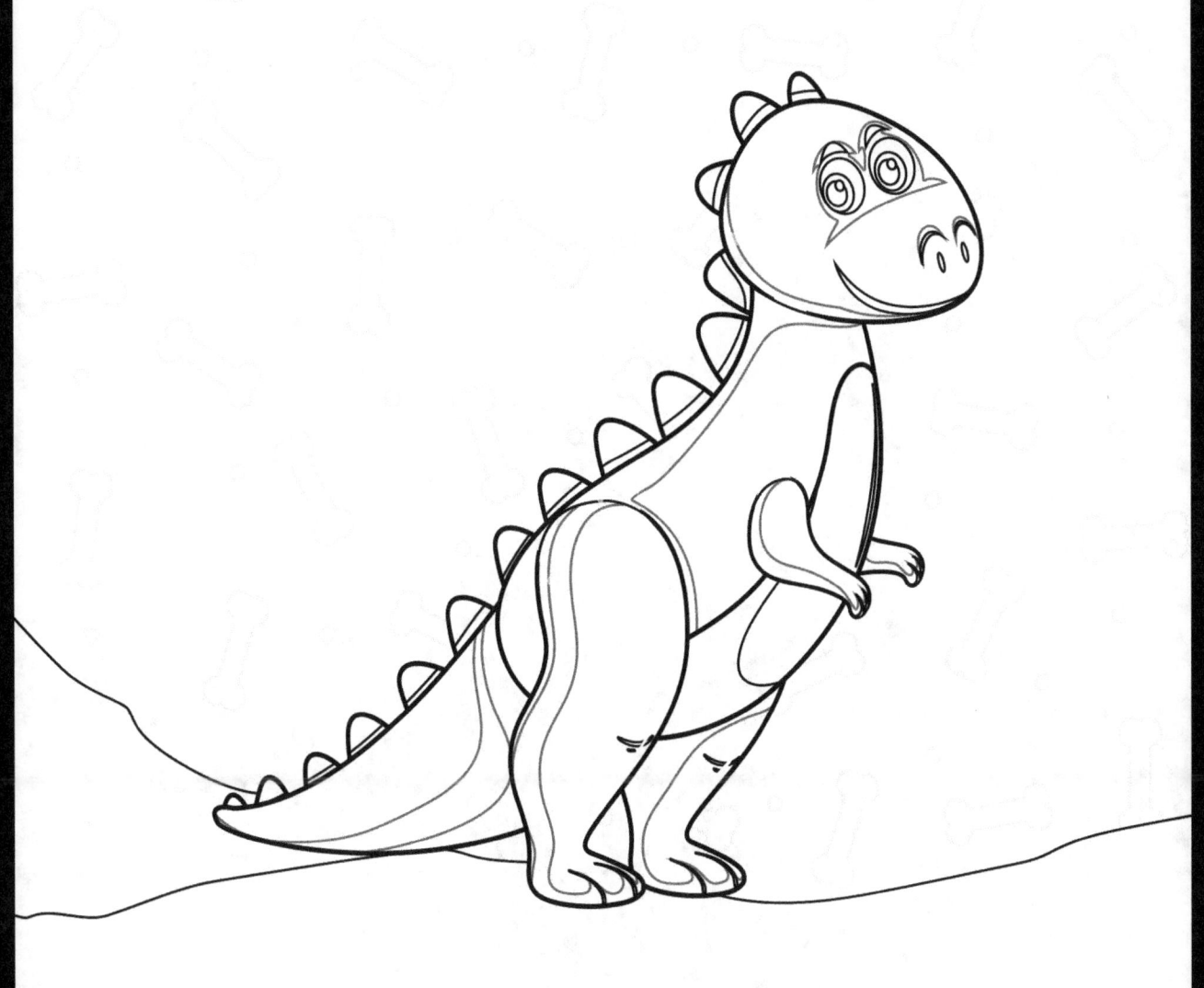

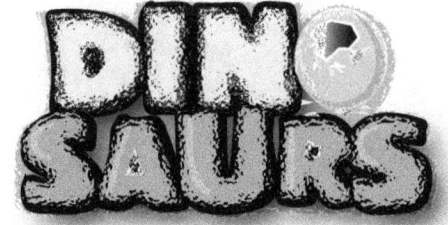

I LIKE MY EGG

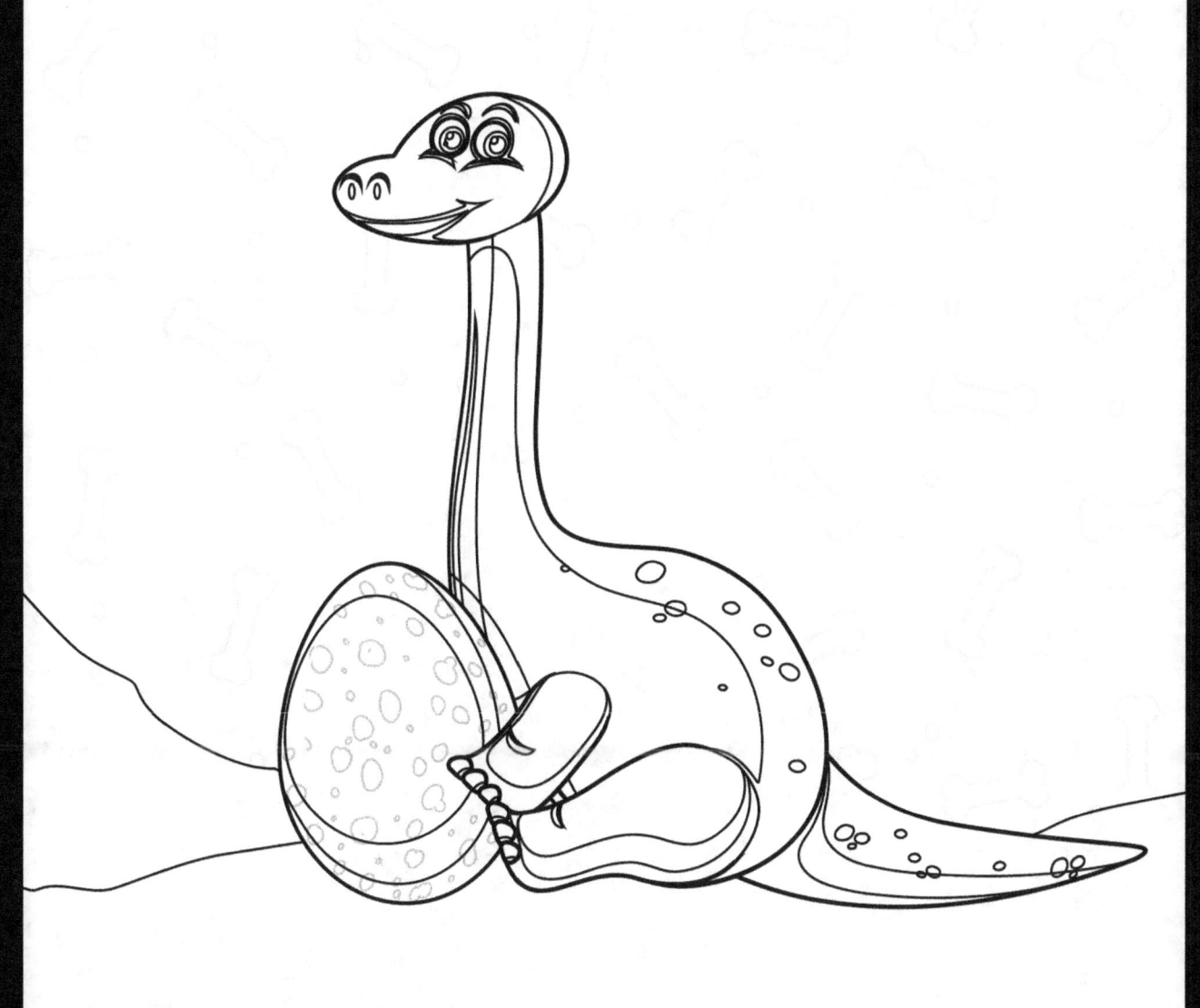

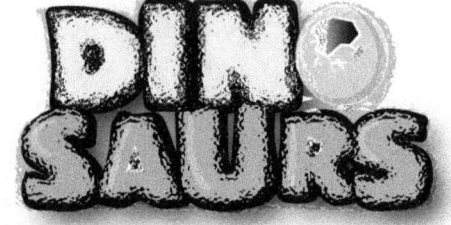

I LIKE MY EGG TOO

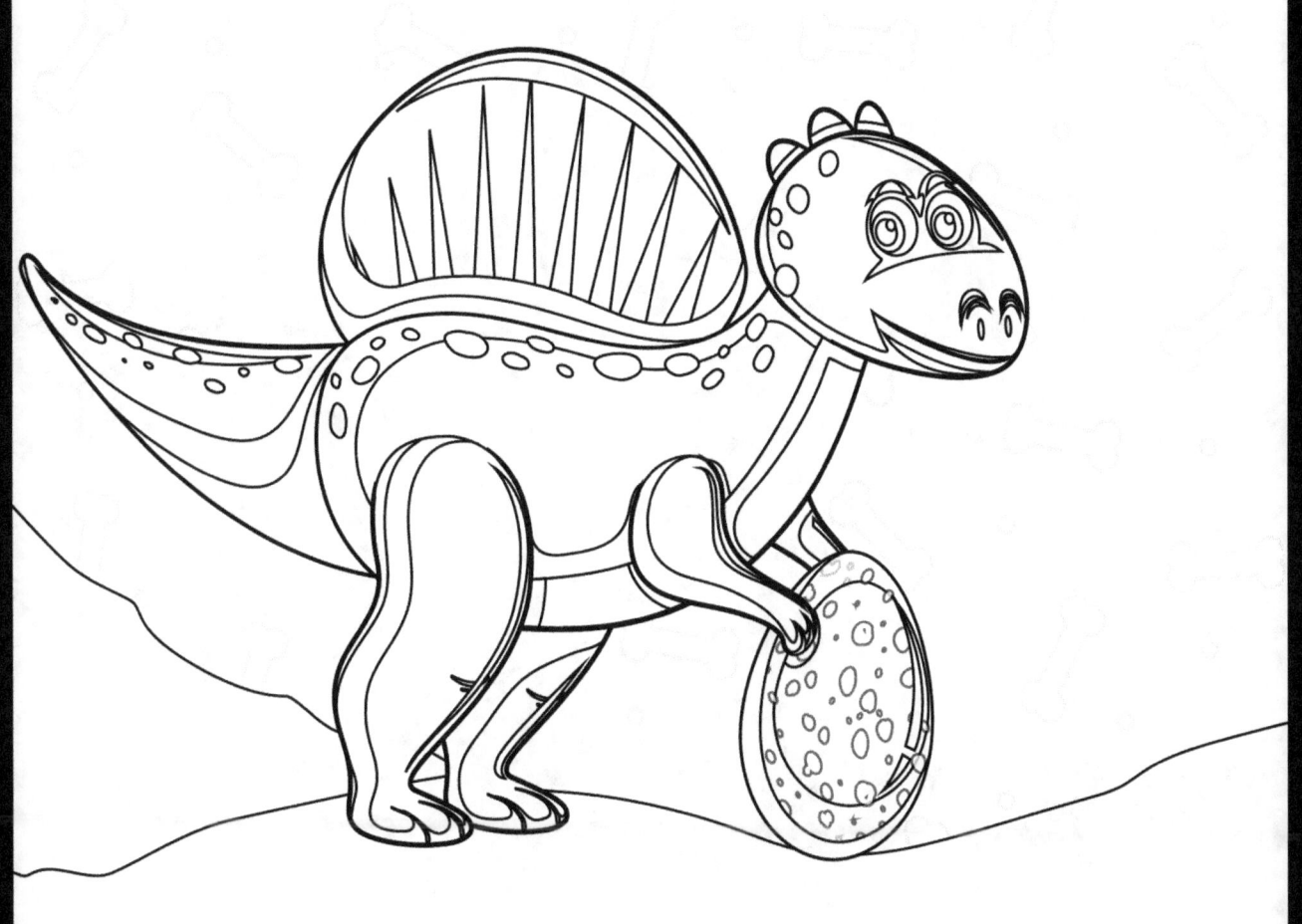

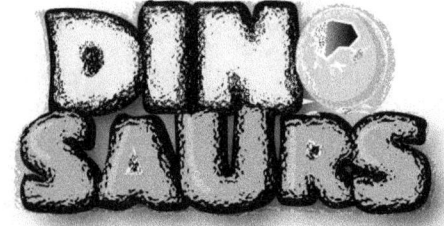

HELLO EVERYONE

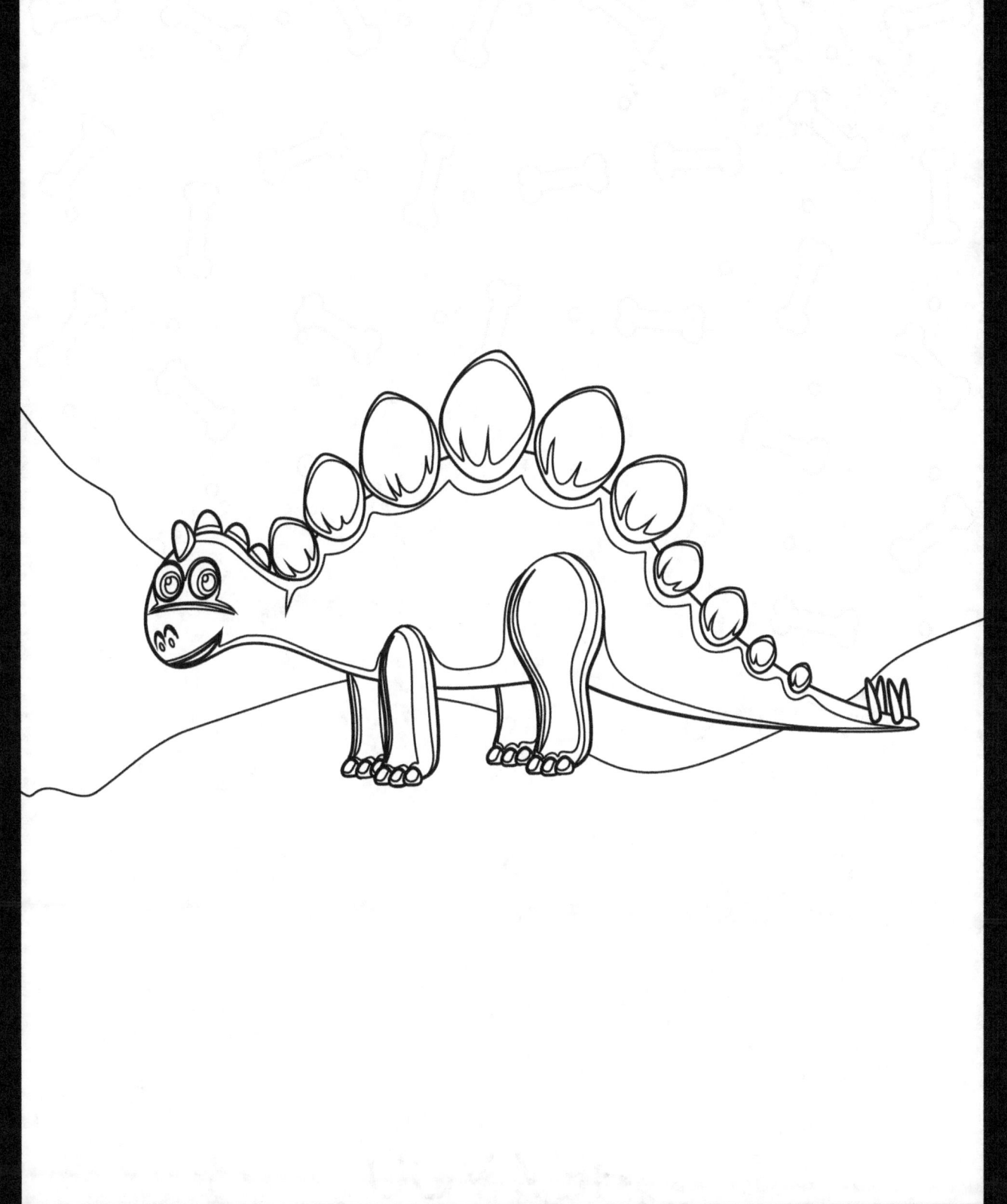

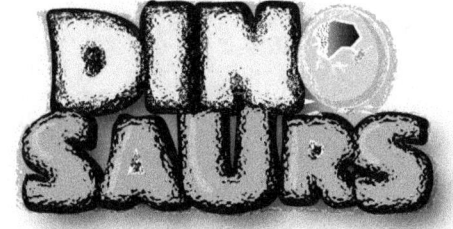

HEY YOU

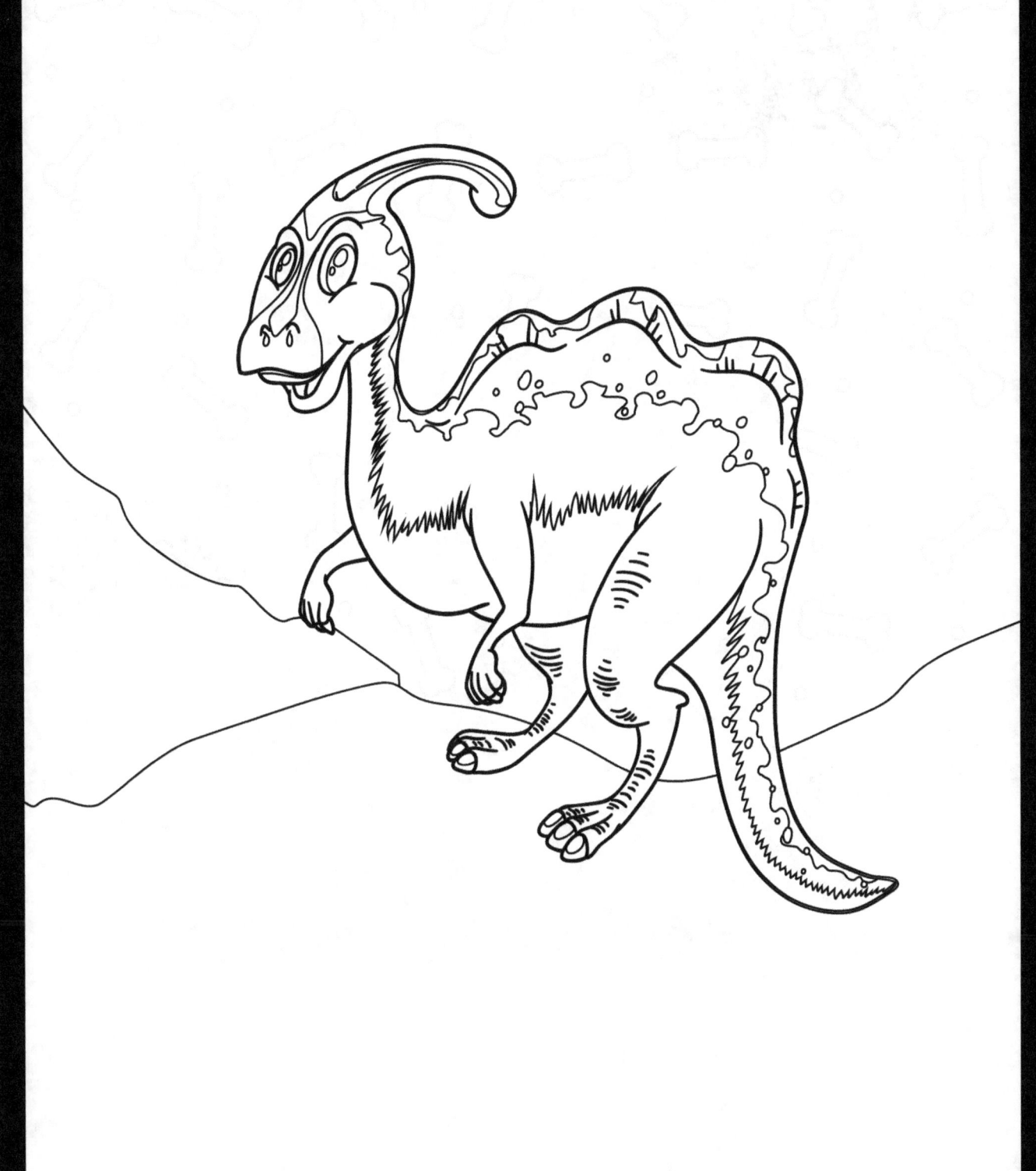

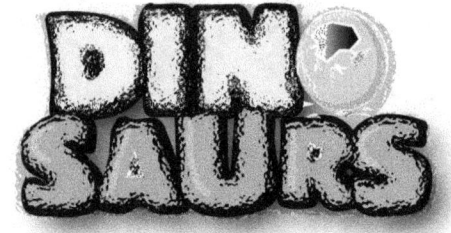

I LIKE TO SWIM

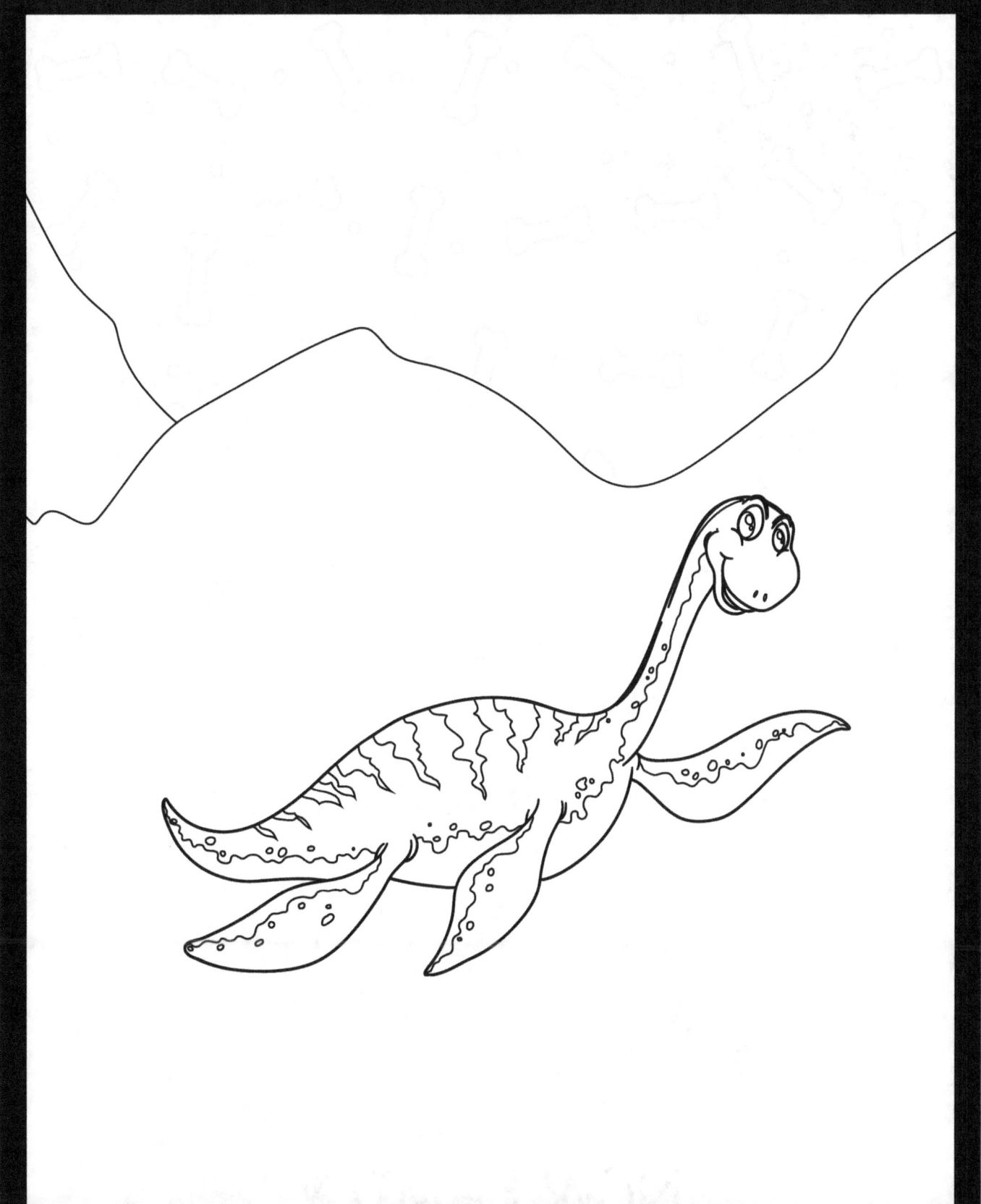

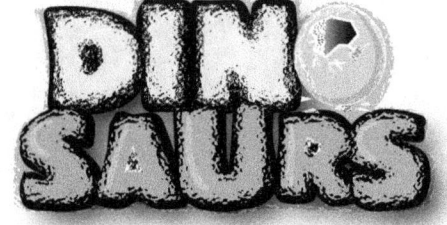

NEW FAMILY

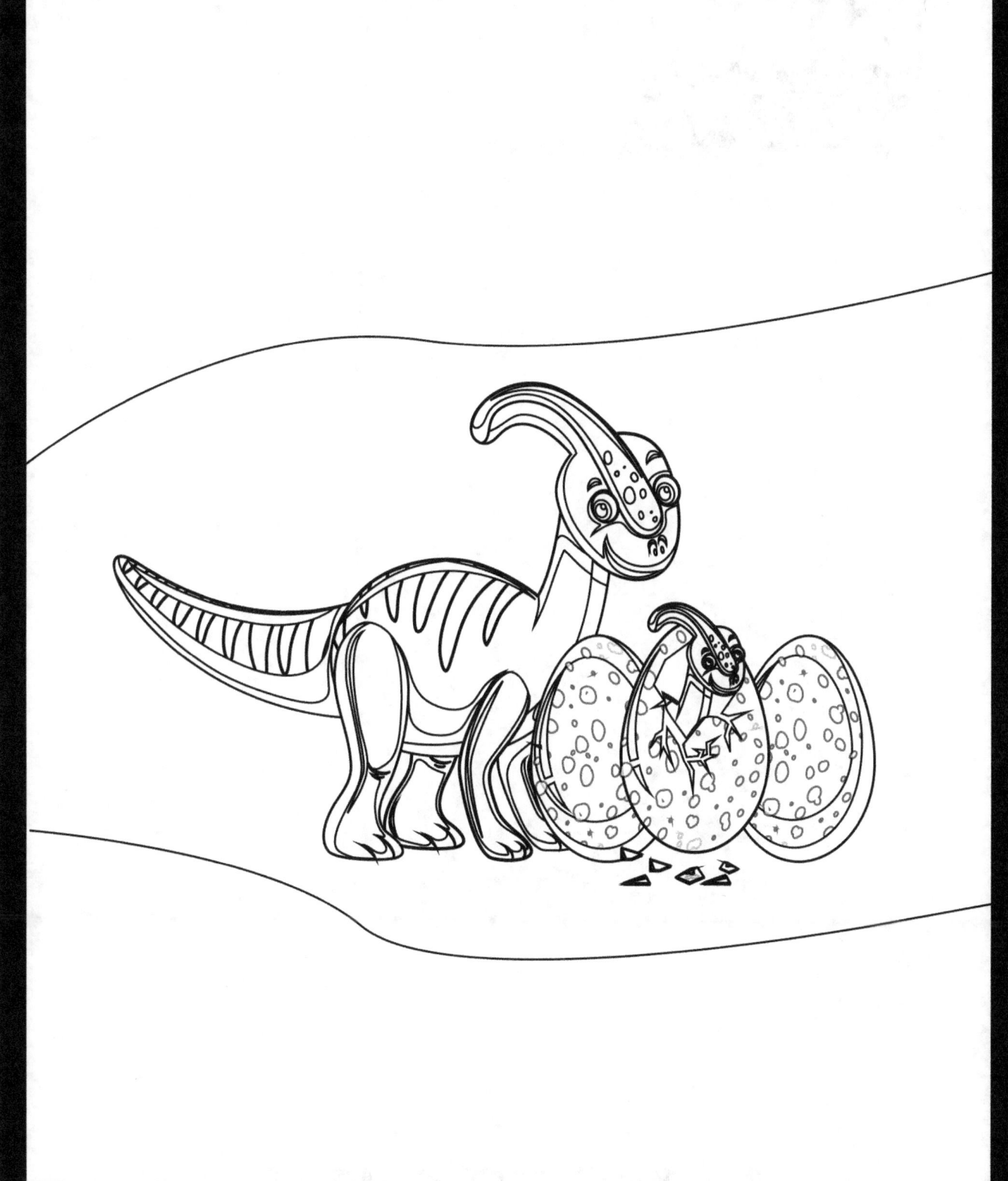

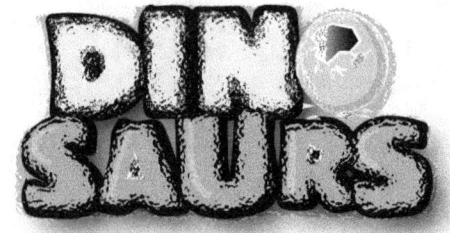

I LIKE TO SMILE

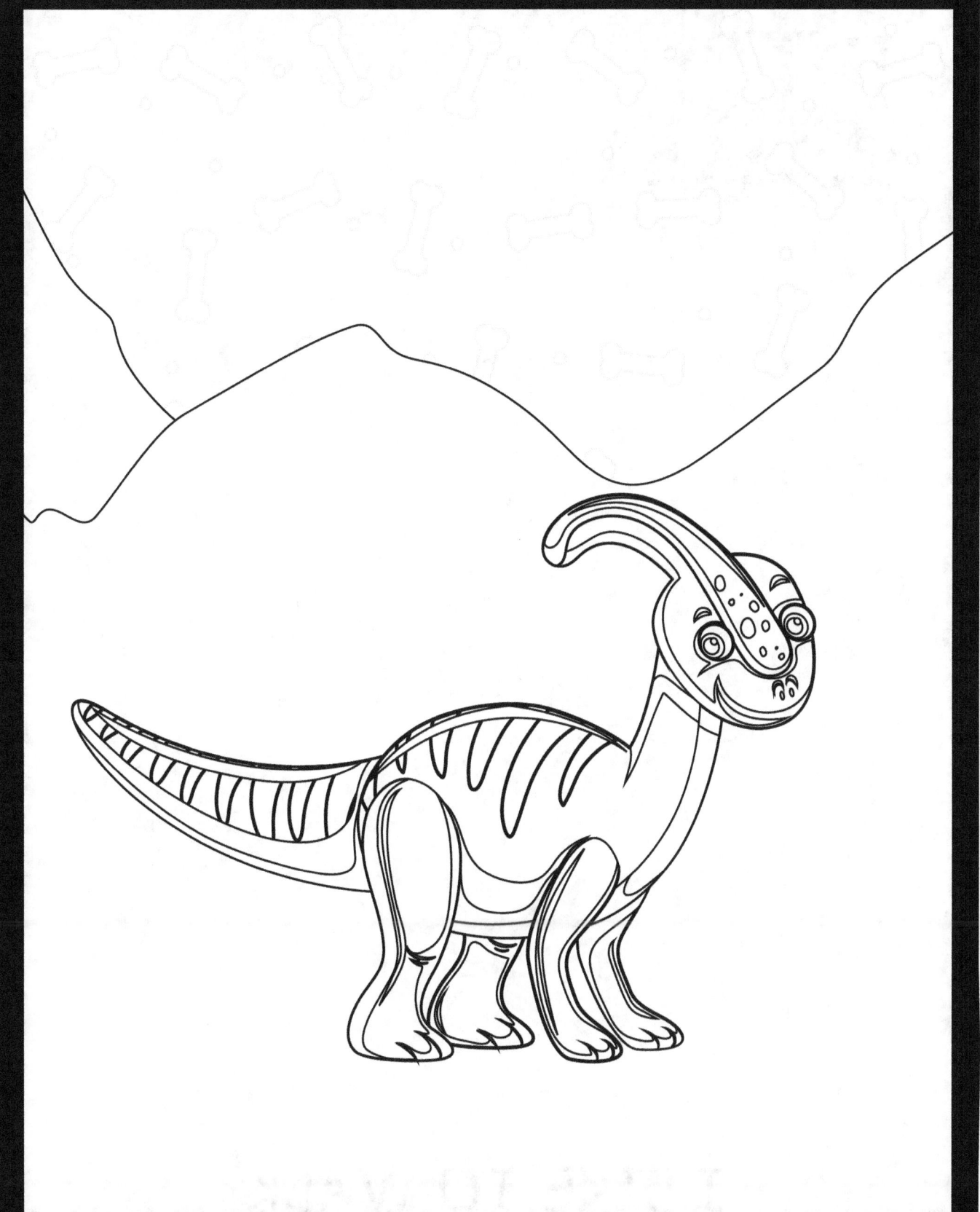

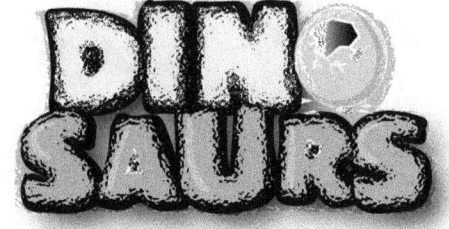

I LIKE TO WALK

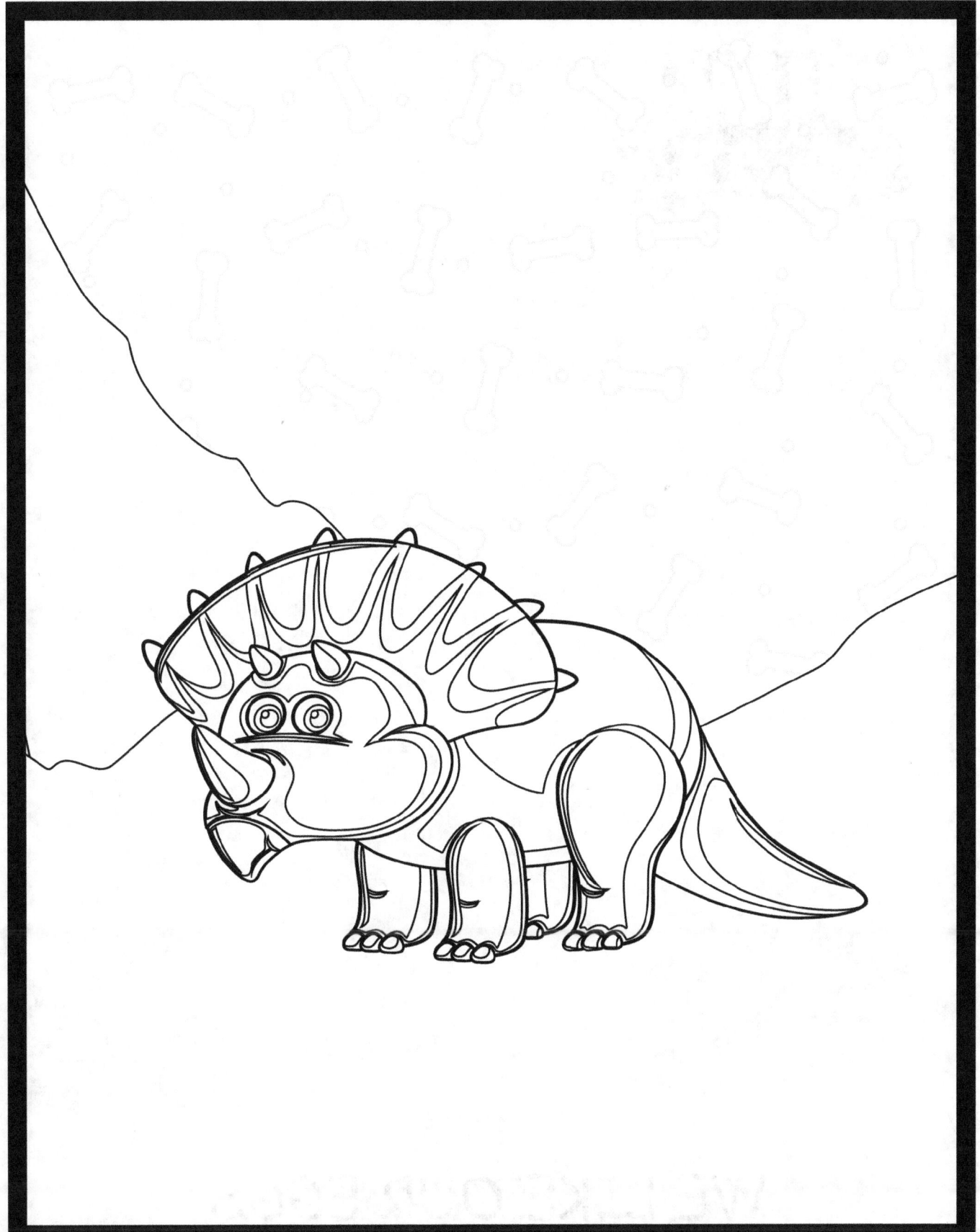

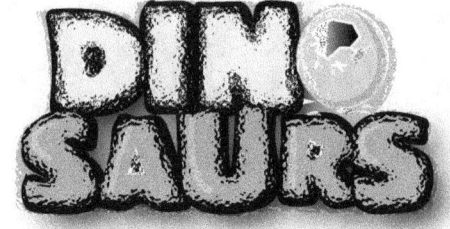

WE LIKE OUR EGGS

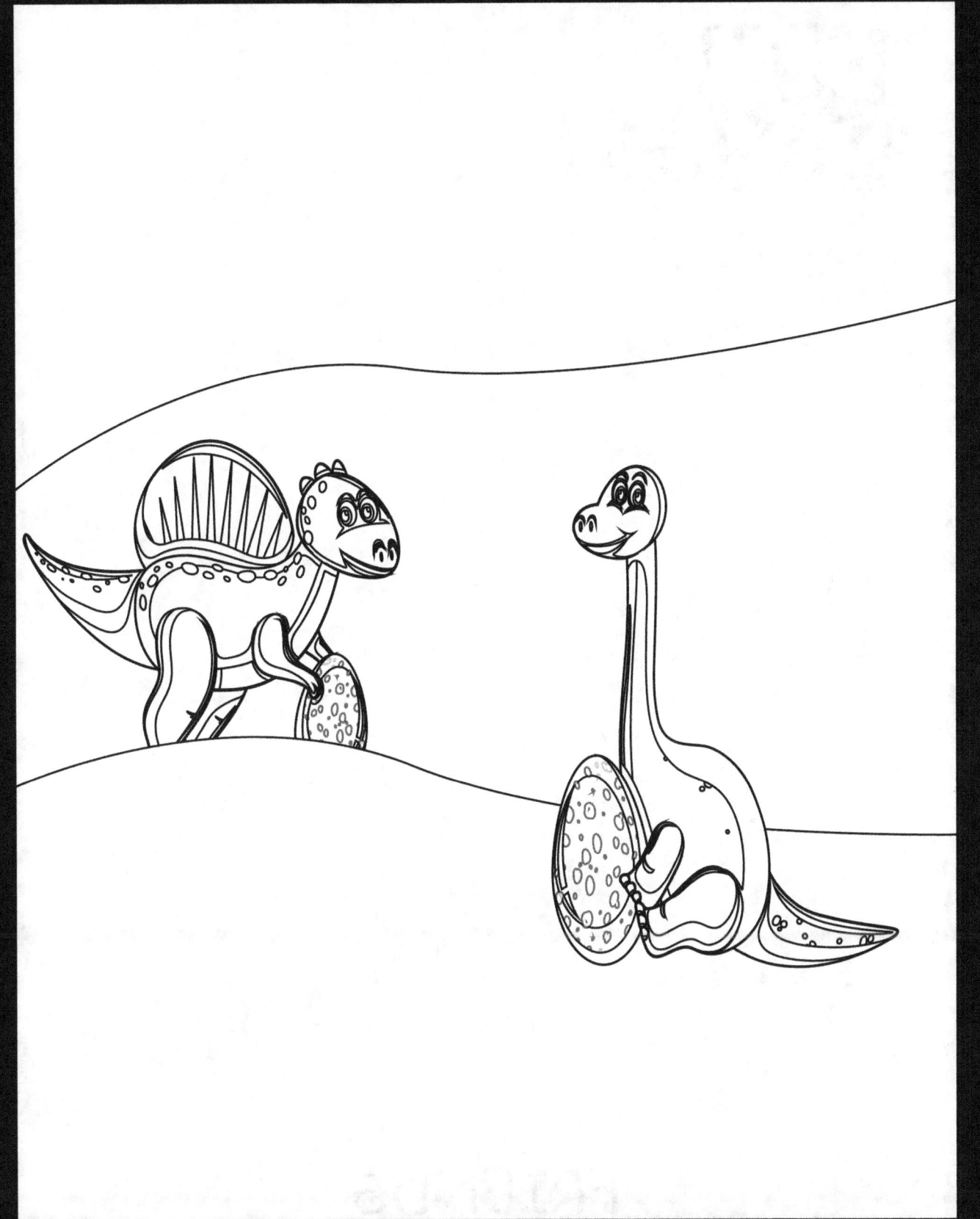

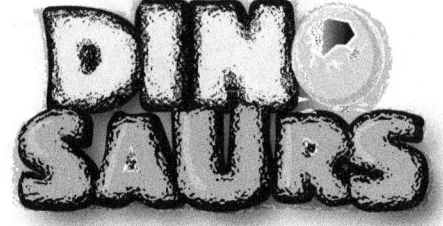

FRIENDS

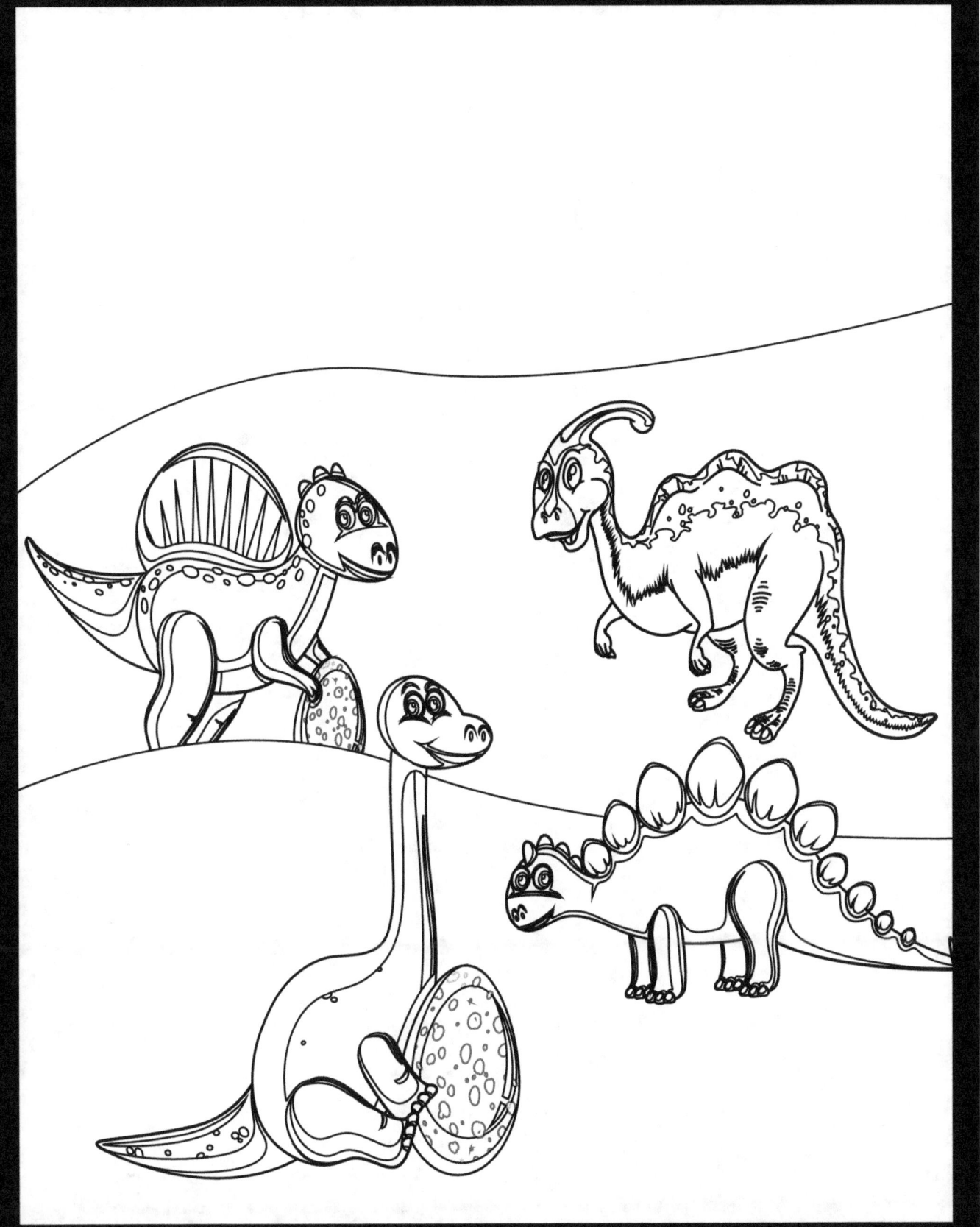

www.ingramcontent.com/pod-product-compliance
Lightning Source LLC
Chambersburg PA
CBHW080819220526
45466CB00011BB/3615